Maria Rosaria Pitrelli

Ed è il cuore lo scrittore

Ed è il cuore lo scrittore
Gambettola (FC), Italia
ISBN: 979-12-200-8661-5
© 2021 Maria Rosaria Pitrelli

Ideazione illustrazioni: Maria Rosaria Pitrelli
Ideazione e sviluppo testi: Maria Rosaria Pitrelli
Produzione illustrazioni e copertina: Valentina Vita e Simona Vita
Progettazione e impaginazione: Simona Vita

Indice

A Rocco e Mirella
A Gianluca e Vittoria
A Noi
che rendete prezioso
il mio Tutto

A Stefano
che illumina un pezzo
di Cielo
col suo sorriso splendente

Grazie Stefano

perchè so che mi hai
suggerito tu le parole
più belle

Dietro le quinte

Ed eccomi qua, incredula, a stendere la prefazione del mio breve manoscritto. Mi chiamo Maria Rosaria, sono lucana e 50 anni fa, esattamente l'8 maggio 1971 nascevo a Tursi in provincia di Matera. Da molti anni vivo a Gambettola, in provincia di Forlì-Cesena con le mie splendide figlie Simona e Valentina e con il loro grande papà Antonio. "Ed è il cuore lo scrittore" è una raccolta di composizioni dense di emozioni, di messaggi positivi, di verità, di dolore, di speranza e di rinascita. Già dal titolo si evince che ogni singola parola è dettata dal cuore, ed io sono semplicemente la sua interprete, sognatrice ad occhi aperti, innamorata dell'anima bella della gente. Il filo conduttore non può che essere l'Amore, quel meraviglioso sentimento che io vorrei splendesse "in ogni angolo del mondo". Una strofa o anche solo una frase custodisce nel profondo la storia di persone speciali che, in alcuni casi, conosco personalmente. Sono sicura che in quelle stesse parole potrebbero ritrovarsi in tanti, e chissà, commuoversi proprio come me. Ogni composizione l'ho scritta in tempi diversi, qualcuna anni fa e qualcuna più di recente. Il cuore chiamava ed io rispondevo, di notte, mentre lavavo i piatti oppure al lavoro. Io sono una donna delle pulizie, ho lavorato e lavoro per delle persone davvero molto care e di ognuna, proteggo dentro me una parte preziosa. Tante volte durante il lavoro, tra un'aspirapolvere, uno scopettone e un panno per i vetri, che io chiamo "il mio adorato amico", il cuore all'improvviso mi dettava frasi che amavo da subito e che trattenevo forte forte nella mente per poi, una volta a casa, scriverle sul mio quadernone. Non potevo immaginare che un giorno, grazie a un dolce rimprovero della mia Valentina, avrei dato vita a un sogno, per me, così grande. Un giorno Valentina rivolgendosi ai miei "farò", ai miei "vorrei", ai "ma", ai "se", mi disse: <<mamma, tu dici dici, ma poi non concludi niente…>>. Da quel giorno, la sua frase bussava con insistenza nella mia testa ogni volta che lo sconforto vinceva su di me. Man mano nascevano nuove composizioni, poi l'idea dei disegni che hanno realizzato le mie figlie. Che meraviglia collaborare con Simona e Valentina. Per ogni composizione, io esponevo le mie idee, spiegavo loro cosa desideravo che disegnassero, e così è stato. Che belle le risate, l'impegno, l'aiuto reciproco e anche (come sempre) qualche lacrima, ma rigorosamente dolcissima. E se la mia Valentina mi ha dato quella spinta che per anni mi è mancata, la mia Simona in tutto questo è stata la forza, la tenacia e la competenza. GRAZIE Simona per tutto il lavoro che hai fatto per me al computer, grazie per aver risolto tutti i problemi tecnici affinché il sogno diventasse realtà, grazie per avermi sostenuta così tanto.

Alle mie adorate figlie Simona e Valentina

GRAZIE

per aver riposto in me tutta la vostra fiducia. Senza di voi, quel cassetto, io lo avrei lasciato chiuso per sempre.

Grazie di cuore, vi voglio un

BENE INFINITO

Parole importanti

Corrono veloci come eleganti gazzelle
parole importanti nella mia mente;
riesco ad afferrarne solo ben poche
e le invito a creare con me una storia,
un racconto, una frase ad effetto.
Accolgono fiere la mia richiesta d'aiuto,
a riempire quel foglio, a colmare il mio vuoto,
a soffocare il silenzio che fa ombra da troppo,
a dar gioia alla vita che ancora respira.

Le parole, quelle vere
danno vita ad un incontro,
disegnano il volto dell'Amore,
sono gli echi dei bambini,
diffondono la luce del buongiorno,
respirano i ricordi del passato,
annegano la noia in un abisso,
asciugano le lacrime ad un amico,
abbracciano la speranza del domani.

Farfalle dorate per me son le parole,
semplici, complici, sincere
e mi portano in volo verso mondi lontani
dove felice di essere libera
ritrovo la forza per riprendere fiato.

Buon compleanno Simona!

Per i tuoi primi 18 anni non ho
un gioiello, un viaggio o una grande festa da regalarti
ma ricordi e parole per emozionarti.
Ogni battito del tuo cuore
scandisce il mio tempo,
la luce dei tuoi occhi
illumina il mio cammino,
tutto, insieme a te ha ragion d'essere.
Con la forza di un gigante
e l'Amore di un bambino
mi hai insegnato a crescere,
mi hai insegnato a volermi bene.
Come un uragano mi travolgi nel mondo
del sapere, della bellezza, dell'allegria.
Lasciati coccolare da un raggio di sole,
lasciati rapire da una dolce melodia,
infondi passione nelle cose in cui credi,
ascolta il tuo cuore ma
non tradire mai te stessa.
Per le strade del mondo porta con te
l'eco delle nostre risate,
il rispetto per il prossimo
e l'Amore per la libertà.

Valentina

Un'esplosione di colori,
un vulcano in eruzione,
ci travolgi con girandole di fiabe
che scuotono la quiete.

Sei la forza e la dolcezza,
l'allegria e la nostalgia
delle ore che troppo in fretta vanno via.

La chitarra e il tuo maestro
son tesori assai preziosi
e ti donano splendore
in quel viaggio di vibrati, bending e armonie
che tu fai con passione e grande Amore.

Con coriandoli di baci e
frasi scritte dentro al cuore
mi allontani dai pensieri e dalle ansie,
mi proietti sui tuoi passi,
in quei lunghi pomeriggi fuori casa
che contesto troppo spesso.

Mi racconti quanto ami
i tuoi amici e le tue amiche,
così capisco, e accompagno
il tuo tenero saluto
con le mie solite parole:
<<Ti raccomando, stai attenta e
torna presto Amore mio>>.

Tony

Racchiusa in un pugno di calli
induriti dal tempo, la tua vita
di sacrifici e fatica.
La pelle scura bruciata dal sole
esalta con grazia l'iride dei tuoi occhi verdi,
i tuoi occhi chiari che ricordano quel mare lontano,
quel mare che da sempre ami tanto.
Mi piace sfiorarti i capelli
che brillano al sole come l'oro e sorrido sorpresa,
rapita da pochi fili d'argento tra le dita.
Ho imparato negli anni a capirti,
ho imparato negli anni a riflettere
e a guardarti più a fondo, per incontrarti di nuovo.
Ma più non voglio dire perché il resto
fa parte soltanto di me e di te.

Donne

Con battiti forti e un filo di voce,
io voglio dar forma alle parole del cuore
che mi parlan di tormento e d'Amore
e di splendide donne che danno luce al colore.

Donne infelici piegate dal pianto
con sogni rubati da giorni distratti
con mille rimpianti soffocati fra i denti
guardano avanti verso giorni più grandi,
e contro quel fato, oltrepassano gli argini di un fiume malsano.

Con le lacrime agli occhi e i pugni ben stretti
rivolgo il mio grido verso un Cielo lontano
e chiedo con rabbia un aiuto immediato
per strozzare lo scempio di orchi malvagi
che sfruttano, stuprano, picchiano, ammazzano.
Angeliche vite più non potranno
cantare col mare e disegnare le albe.

Donne sfregiate, torturate, violentate
da vigliacchi farabutti divorati
dalla lebbra dei perdenti.
Con fatiche e le ferite riafferrate i vostri giorni
e ancora tanto belle e tanto forti
riprendete a volare come aquile reali
e guardate sempre su, più in alto,
il vostro prossimo traguardo.

È con immensa gioia
che vola sincero il mio pensiero,
a tutte le donne innamorate ed amate
che fra le braccia più nobili
e le emozioni più dolci
accompagnate dal vento, cantano con le stelle
le canzoni senza tempo.

Una foto preziosa scolpita nel legno
proietta i colori del cielo e dei monti,

il delicato profumo dei mughetti di campo
il sorriso radioso di una donna felice
che canta il suo Amore per tutta la casa
e ferma i minuti del tempo che scorre
nei ricordi di chi continuerà
ad amarla per sempre.

Con affetto infinito e grande rispetto
io amo ascoltare bellissime nonne che
con rughe profonde sul viso gentile
raccontano fiere di giorni lontani,
passati ad aver fame di pane e d'Amore,
ma superati alla grande con la forza nel cuore.

A voi son vicina, donne pazienti,
fermate dal male, ferite nel passo e graffiate nel corpo.
Voi maestose guerriere, armate di spade fiorite
non ponete mai fine al vostro arduo duello
e con grande coraggio seguite una fievole luce,
che pian piano sperate, possa un giorno, intimidire anche il sole.

Mandorli in fiore, lungo strade tortuose,
per tutte le donne che amano donne
e plasmano insieme progetti importanti
nella quotidiana armonia
di un Amore più vero.

Di donne assai rare, a gran voce, vi voglio parlare.
Donne giganti in esili corpi
che accendono il sole di giorni infernali
per l'Amore più grande, sincero e importante.
Non vi passate più il pane né a pranzo né a cena
ma proteggete con cura ogni istante che è stato,
le risate in campagna,
le passeggiate in montagna,
gli schizzi dell'acqua nell'azzurro del mare
con la gioia dei figli spensierati e festosi.
Compagno amorevole, allegro, presente,
troppo presto rubato, ingannato, violato
da neuroni impazziti senza alcuna ragione.

Impresso nei miei occhi
il dolore disperato delle donne
che aspettano invano il sorriso felice
e l'abbraccio sincero del loro principe vero.
Ora dal Cielo Infinito non regala più rose,
ma illumina nei riflessi di un incanto pregiato,
il cammino di chi
racconta la favola più bella alla sua piccola Stella.

Con calici d'oro e il sorriso nel cuore
io voglio brindare a voi donne eleganti,
tenaci, importanti, umili e belle.
Con lo sguardo sempre attento,
come un faro nella notte,
non perdete mai di vista
la vostra meta assai lontana
e lavorate alacremente
per dar lustro al vostro sogno
applaudito un giorno d'estate
fra lacrime dolci e foglie d'alloro.

Un grazie speciale a donne mai stanche
che rubano al tempo ore infinite,
per far brillare stoviglie, dar vita ai fornelli
con gran meraviglie,
illuminare la notte con racconti di fate
che trasformano sassi in magiche biglie.
Donne mai stanche che danno valore alla vita
con teneri abbracci, regole d'oro e speranze nel cuore.

Ed ora la penna comincia a tremare, e
i battiti, il cuore spinge ancora più forte,
perché il mio pensiero va alle mamme del mondo,
a tutte le mamme col respiro
spezzato, soffocato, affannato,
che hanno un pugnale trafitto nel fianco
e stringono per sempre sul petto bagnato
il sorriso più bello, il sorriso adorato.

A tutte le donne, le donne del mondo,
io dono una rosa ma priva di spine,
mentre continuo a sognare un domani migliore,
un domani d'Amare.

12

A Tutte le donne,
le donne del mondo
io dono una rosa
ma priva di spine

Quel giorno curioso

Io nasco una sera, partorito dalla disperazione, dalla disillusione
ma soprattutto, chissà, da quell'ultima speranza. Nasco una sera
come tante, una sera uguale alle altre. Non so ancora cosa dire,
cosa inventare, cosa raccontare. Sento qualcuno che mi tira con
rabbia su per le spalle ed è la stessa sensazione di quando ti
afferrano per i capelli all'improvviso. Voglio capire cosa sta
succedendo ed è probabile che io ci riesca. Vedo una donna che
cammina su zolle di terra bagnata. Fatica nel tirare su un piede e
poi l'altro, ma non si arrende. Inizia adesso il gioco del giorno
curioso. È un gioco spietato che non risparmia fatiche o tranelli,
ma ha in serbo vittorie. Continuo a seguire la donna che arranca e
poi cade, si rialza, un passo, due, tre, ma cade ancora. La strada è
tortuosa ma lei si rialza e allora decido che non devo lasciarla da
sola. Mi chiedo, perché è il gioco del giorno curioso? Mi chiedo,
cos'è che mi tiene legato alla donna? È un passante che dà luce ai
miei perché. Il giorno curioso è il premio del gioco e quel giorno
avrò anch'io un nome. La tenacia della donna mi fa ben sperare,
cento volte cade e cento volte si rialza. Sento di esserle sempre
più vicino, ormai camminiamo fianco a fianco e presto scoprirò
che il mio nome è …

CORAGGIO

Un assurdo perché

Dieci, cento, mille volte
ti sarai chiesto il perché
di un'assurda follia solo piena di me.
Altrettante volte e mille ancora lo giuro
ho scomposto, imprecato e pensato
al perché di quel battito forte,
costretto a placarsi davanti al tuo viso,
gentile ma assente.
Mi accarezzi la guancia
senza nemmeno sfiorarla,
colori i miei giorni
senza nemmeno pensarli,
io canto il tuo nome da anni
ma racconto sincera al mio cuore
di spegner quel lume per sempre.
Non comprendi in silenzio il racconto
di un sogno proibito che pervade lo sguardo
dei tuoi occhi innocenti
avidi dei caldi colori di solitarie emozioni
ma assolti e protetti da un'infinita e dolce malinconia.

Fuoco nel vuoto

E sento forte, forte, forte
il bisogno di un abbraccio.
Ripenso al calore di un sorriso
invoco la carezza dell'Amore.
Lo sguardo perso nel nulla
rincorre un tempo tradito,
sprecato, passato.
I battiti del cuore impazzito
accelerano i respiri dell'anima
che piange e paga la sorte
di una vita schiacciata, ingannata.

In fondo al cuore

Incastonato nel legno scuro di un'antica madia
riposa il segreto di una nobil donna
che ha celato al mondo il suo vero Amore.
Dietro una maschera di terracotta
che ha un sorriso inciso ad arte
non fanno rumore le dolci note di una canzone
ma trovano riparo sulle pareti calde di una stanza vuota.
Dietro una maschera di terracotta
vive una donna col viso gentile
che non vuole tradire quei giorni grigi
ma detta legge al proprio cuore.
Dentro quel ventre di un'antica madia
vivono i giorni di un Amore felice,
un Amore che indossa complici sguardi,
che si riempie le mani delle stesse risate,
che cerca nel buio le risposte più giuste,
che ama parlare di grandi passioni
e nutrirsi di vere emozioni.
Incastonato nel profondo di ogni cuore vive in segreto
il desiderio del grande Amore.

Preghiera di un bambino

Ehi tu, piccolo gigante, siediti con me e stammi ad ascoltare,
vorrei raccontarti la storia di un bambino che ha perso i propri
sogni giocando in un cortile. Continua a brancolare tra sputi,
pugni e insulti e non riesce più a incontrare i grandi del passato,
non riesce a ricordare i colori del tramonto, i sapori della terra e le
carezze delle onde. Non vuole più giocare con fili di titanio,
scatole parlanti e adulti senza Amore.
Ehi tu, fermati ed ascolta ancora per un po' la storia di un
bambino che gira su se stesso e vuole ritrovare tutti i battiti del
cuore in un mondo troppo sordo, un mondo troppo ingrato che ha
deciso di strozzare tutti gli Angeli del Cielo, un mondo troppo
vuoto che continua ad osannare manichini senza testa, ambiziosi
di sguazzare in un mare di ignoranza, di violenza e d'apparenza.
Io ti prego mio gigante, te lo chiedo per favore, afferra il tuo
coraggio e aiutami a trovare il lieto fine al mio racconto. Il
racconto di un bambino che vaga in un cortile e grida forte al
mondo il bisogno di scoprire la bellezza della vita nel calore della
sera, nell'abbraccio di un amico, nell'applauso ad un concerto.
Te lo chiedo per favore, aiutami a scoprire la dolcezza
dell'Amore nel profumo di una rosa, nel sorriso di un mattino e
nel volo dei gabbiani.

Un angolo di Paradiso

Respiro in un angolo di Paradiso,
ignoro la bellezza delle stelle
e il profumo del mare.
Le tue mani delicate sulla mia pelle
disegnano percorsi sinuosi
che scavano dentro.
Avvinghiati su un letto di sabbia bagnata
raccontiamo alla luna, amica fedele, le calde emozioni di giovani
Amori.
Un soffio di vento ci accarezza i capelli
e protegge in silenzio i nostri sospiri
interrotti da gemiti sempre più forti.
Sfiniti e felici respiriamo liberi
il profumo di brezza marina
che asciuga gocce di vita
sui nostri corpi distesi.
Amo, vivo, respiro nel mio angolo di Paradiso
dove prendono forma i miei sogni,
i miei sogni più belli, i miei sogni
che implodono e si rincorrono lungo
la scia delle mie emozioni.

E adesso tocca a te. Scrivi e vola verso mondi lontani!

29

Essere, semplicemente umano

Mi hai raccolto sul ciglio della strada che ero tutto bagnato,
piccolo e indifeso, tremavo per il freddo e la paura.
Sentivo la gente passare di fretta, le macchine sfrecciare veloci
sull'asfalto sporco di fango. E poi all'improvviso arrivi tu che ti
accorgi di me, mi raccogli e mi accogli nelle tue mani calde e
rassicuranti.
Mi stringi sul tuo petto senza farmi del male e inizio a sentire il
tuo cuore che batte all'unisono col mio.
Non conosco il tuo viso, non so se hai gli occhi azzurri e le
guance rosse, se hai la pelle scura oppure chiara, non so se sei una
donna oppure un uomo, una bambina oppure un nonno, non
conosco la tua altezza, il tuo peso e la tua bellezza, non so se tu
sei un'astronauta, un pittore o un operaio, se tu sei ebreo, cattolico
o musulmano, tutto questo non mi interessa, perché il tuo cuore
batte proprio come batte il mio.
Mi hai raccolto un giorno sul ciglio della strada che ero un
piccolo cucciolo d'animale e tu, davvero molto speciale, il mio
amico essere umano.

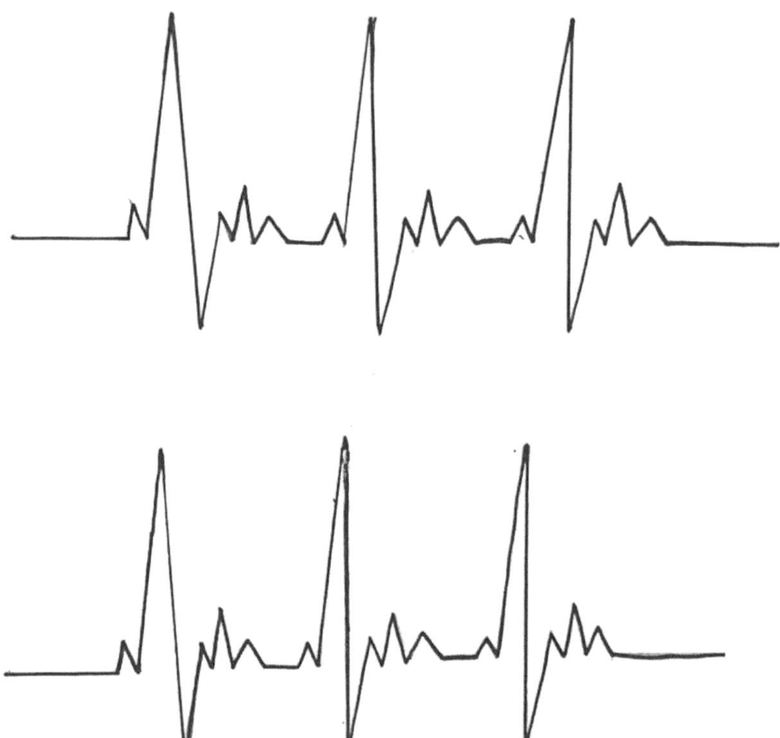

Ti voglio bene papà

Ciao papà, ti scrivo una lettera di poche righe per dirti soltanto
parole nuove perché non c'è più posto per il rancore.
Allora comincio con qualcosa che non ti ho mai detto e sono
sicura che tu ne sarai davvero contento.
C'era una foto a casa di nonna dove il tuo viso aveva vent'anni, io
la guardavo e poi pensavo "ma quant'è bello il mio papà".
Trattengo forte quel mio ricordo del nostro viaggio a Montecarlo
e ancora oggi sento la gioia di quella bambina che guardava
stupita il mare, i fiori, i passanti eleganti e gli occhi sereni del suo
papà.
Sei generoso col cuore buono e questo tuo dono nella mia vita mi
ha insegnato ad amare quel grazie sincero. Oggi sei il nonno
felice delle mie figlie e ridi, ridi tanto quando parli con loro, e da
lontano, col cuore in affanno, segui il futuro di bimbe ormai
donne.
Con una frase molto speciale desidero chiudere questa mia breve
lettera e voglio dirla a voce alta che tu la senta dalla Romagna alla
Lucania:
Ti voglio bene papà.

Foto di mio fratello Gianluca

La pioggia

Com'è dolce la pioggia stanotte,
avvolge le case che dormono intorno,
un lampo illumina appena il cielo infinito
e un tuono lontano non fa troppo rumore.
La luce del lampione di fronte ricalca
la pioggia che cade dritta e perfetta,
la pioggia che canta dolce alla notte
e nutre la terra con calma, senza fretta.
Com'è buona stanotte la pioggia
che cade sottile e leggera sui tetti,
è figlia di un timido autunno
che ancora regala giornate di sole.
D'un tratto il ciclo s'illumina a giorno
e il tuono adesso si sente più forte
ma la pioggia continua gentile
e rispetta il lavoro dell'uomo.
Il silenzio protegge le case e il fruscio
dell'acqua cadente, stanotte mi sembra
la sigla finale di un giorno qualunque,
un giorno di lavoro, di pensieri e di sollievi.
La pioggia stanotte mi sembra la sigla finale
di un giorno straordinario che ha visto
delle piccole amiche col cuore arrabbiato
ritornare finalmente a fare pace.
La sigla finale di un giorno un po' triste che ha
consolato il pianto di una giovane donna
che vorrebbe ritornare bambina.
La pioggia stanotte racconta la storia
di un Amore finito
che credevo invece ben saldo.

Con te mamma

Insieme a te mamma, in volo nel tempo tornerei indietro, per riscrivere pagine nuove con giorni felici da ricordare. Indietro nel tempo, con te mamma vorrei imparare a far festa e nei giorni importanti di aprile e di maggio affidare a quel soffio i nostri sorrisi e le nostre speranze.

Tra lustrini e paillettes vorrei vederti ballare e chissà, seguendo i tuoi passi, potrei anch'io imparare qualche giro di valzer. Indietro nel tempo, con te mamma vorrei volare nel mondo e scoprire la storia nei sassi e sui muri di popoli antichi, sentire il profumo di un mare profondo che invita a sognare, imparare ogni giorno qualcosa di nuovo che rimanga per sempre.

Per me questa penna è una spada gentile che mi insegna ad amare le cose più belle e così di un passato arrogante ho voluto salvare ogni sprazzo di luce che rubavamo alla gioia.

Com'è bello ricordare la bontà del tuo pane che impastavi con Amore, i tuoi ricami pregiati, i maglioni di lana che facevi in poche ore e mille altre cose che le tue mani, con il cuore, hanno ancora voglia di fare. I nostri baci e i nostri abbracci attraversano un piccolo telefono per poter arrivare, e son felice quando scoppiano, se pur da lontano, le nostre risate a crepapelle perché la tua allegria, mamma, è anche la mia.

Creatura di rugiada

Fragile, come veli di cristallo sopra il marmo,
delicata, come petali di papavero in quel gioco consumato,
tu, creatura pura di rugiada brilli nascosta
sotto rovi di spini e di more.
Ostaggio di paure e di ostili realtà
ti lasci lacerare da lacrime strazianti
che ti svuotano la mente e divorano il tuo tempo.
Basta, basta, basta e ancora basta
non permettere a nessuno mai, mai a nessuno
di calpestare la tua vita, la tua allegria, la tua dignità.
Ora rialzati, porta via quelle lacrime
che ti lasciano niente, che ti riempiono gli occhi di follia,
ora afferra la tua vita, afferra il tuo tempo, attimo per attimo
e rendilo prezioso, unico e inviolabile.
Creatura meravigliosa di rugiada
brilla, brilla, brilla
con le note delle tue dolci melodie,
brilla, brilla, brilla
con la luce che ti sveglia ogni mattina,
tu sei il respiro di chi ti ama veramente.

Il mondo tace

E adesso il mondo tace
mentre passano le bare.
Adagio, adagio passano le bare
sopra i camion militari.
Il rombo cupo e lento dei motori
attraversa il silenzio come
lama affilata dentro al petto.
Passano le bare e raccontano il dolore
di un popolo indifeso e stremato,
raccontano il dolore dei nostri nonni
che nell'ultimo sospiro
afferrano con forza
dai ricordi ormai lontani
il calore di una carezza e di un bacio,
l'Amore delle braccia al collo
all'uscita della scuola o alle feste di compleanno.
Chiusi nelle camere intensive,
avvolti da armature soffocanti,
medici e infermieri
non pensano alle ore né agli onori
ma infondono speranza e donano la vita.
Con la voce ovattata e affaticata
con il cuore audace e generoso
asciugano le lacrime,
leniscono il dolore,
annullano le distanze
nel racconto di un saluto
che fa nascere un sorriso
nel deserto del respiro.

Una fra tanti

Io sono una, una fra tanti, sono un minuscolo battito che respira sottovoce e vive protetta dalla ricchezza del proprio poco. In un mondo che è vittima e carnefice allo stesso tempo, ho scelto di vivere con dignità, ho scelto di amare la giustizia, l'umiltà, l'onestà, l'uguaglianza sociale, la libertà. In un mondo che è schiavo degli inganni del potere ho scelto di vivere lontana da ranocchi ben pensanti, manichini omologati e assurdi pregiudizi. È un mondo incastrato nelle fauci del dio denaro, che non resiste alle lusinghe dello sfarzo e degli sprechi, degli intrighi e degli inganni. È una voragine di orrori e di errori senza fondo questo mondo, tanto amato e tanto odiato. Ogni giorno è un cazzotto nello stomaco, che ti toglie il respiro all'improvviso, è una giostra impazzita nei suoi giri così forti da travolgere l'innocenza e la bellezza della gente onesta. È un mondo che abbandona i propri figli sotto cumuli di degrado, di povertà, di violenze, che abbandona i propri figli sotto cumuli di polvere assassina come merce preferita di orchi senza scrupoli e coscienza. E non trovo soluzioni sulle tavole imbandite dei potenti della Terra, non trovo soluzioni nei palazzi dei partiti tra litigi ed ipocrisie, non trovo soluzioni nelle leggi masticate all'ombra dell'illegalità. E così ripenso molto spesso all'Amore di grandi donne e di grandi uomini che hanno donato la propria vita per la vita di altri uomini e altre donne. Ripenso all'Amore infinito di Madre Teresa di Calcutta per i poveri più poveri, ripenso all'Amore incondizionato del giudice Paolo Borsellino, del giudice Giovanni Falcone, del generale Carlo Alberto Dalla Chiesa per lo Stato, per la legalità, per il senso civico. Tra i banchi della scuola, nelle strade buie e strette, è lì che vorrei splendesse la luce del loro Amore, è lì che vorrei regnasse il rigore, l'entusiasmo, la generosità, l'umiltà, l'onestà di Paolo, di Giovanni, di Carlo Alberto, di Madre Teresa. Nel cuore della gente di tutto il mondo vorrei che arrivasse "il fresco profumo di libertà".

"Il fresco profumo di libertà" sono le parole meravigliose del giudice Paolo Borsellino.

Madre Teresa di Calcutta

"Il giorno più bello? Oggi.
L'ostacolo più grande? La paura.
La cosa più facile? Sbagliarsi.
L'errore più grande? Rinunciare.
La felicità più grande? Essere utili
agli altri.
Il sentimento più brutto? Il rancore.
Il regalo più bello? Il perdono.
Quello indispensabile? La famiglia

Carlo Alberto Dalla Chiesa

"Chiunque pensi di combattere
la mafia nel "piccolo" palermitano
e non nel resto d'Italia
non farebbe che perdere tempo".

Giovanni Falcone

"Gli uomini passano, le idee restano.
Restano le loro tensioni morali e
continueranno a camminare
sulle gambe di altri uomini."

Paolo Borsellino

"E' bello morire per ciò in cui
si crede; chi ha paura muore
ogni giorno, chi non ha paura
muore una volta sola".

Nettare d'artista

In un vortice magnifico di follie e sentimenti, di umorismo e di
dolore, di monologhi assoluti o discorsi concitati, si affollano
perfette le parti degli attori. È il regista, nelle vesti di gran
sovrano, a plasmare quelle parti, a cucire sulla pelle degli attori e
delle attrici il ritratto del coraggio o la faccia del vigliacco, la
passione dell'Amore o la morte dei valori, l'allegria, la poesia e
l'ironia della vita.
Dentro il cuore di una canzone, sulle note dei gran maestri,
respirano i silenzi e le paure, le illusioni e le speranze, riposano
paesaggi mozzafiato o strade solitarie, si rincorrono situazioni
rocambolesche e divertenti.
Sulle ali della musica vola via il lieto fine o un epilogo
struggente, malinconico o anche comico di un pezzo della vita o
dell'infinita fantasia.
Io mi nutro di quel nettare d'artista e mi lascio trasportare nelle
storie travolgenti, mi ritrovo ad amare o ad odiare i personaggi
incarnati dal talento. È un tripudio dentro me di emozioni,
sensazioni e riflessioni, quando piango e quando rido e vorrei
ogni volta ringraziare con applausi e grandi elogi la famiglia
straordinaria degli artisti. Io vorrei ringraziare in un abbraccio,
uno ad uno, chi lavora dietro il battere di un ciak o un sipario
decorato, e son sicura che guardando un po' più su scoprirei i
sorrisi e un bell'inchino dei grandi del passato che nel cuore della
gente non moriranno mai.

Grazie

Lettera ad un amico

Se io avessi il tuo indirizzo ti scriverei una lettera per raccontarti un po' dei miei pensieri e un pezzo dei miei giorni. Mi piacerebbe renderti la lettura piacevole e anche interessante per strapparti qua e là un sorriso e il tuo prezioso assenso. Sarebbe molto semplice per me riuscirci se solo ti parlassi dei miei giorni belli e di tutti quei piccoli momenti che raccontano l'emozione meravigliosa di essere una madre. Ti parlerei della mia splendida Simona che mi regala sempre grandi soddisfazioni e della mia fantastica rockettara Valentina che con la sua chitarra riempie la casa di assoli e di arpeggi e il mio cuore di felicità infinita. Ti racconterei dei nostri baci, dei nostri abbracci, delle nostre chiacchierate e di tutte quelle volte che, tra facce buffe e frasi sciocche, trasformiamo la cucina in un teatro. Vorrei dirti anche delle volte in cui nascono animate discussioni che ci insegnano comunque a riconoscere l'errore. E poi ti scriverei che adoro gli alberi d'ulivo e le gemme sopra i rami ancora spogli, i colori del tramonto e il gioco dei ruscelli tra le felci variegate e le pietre millenarie. Ti racconterei che amo ridere e scherzare, amo cantare con ardore anche se sono un po' stonata, amo sognare ad occhi aperti mentre stiro o lavo i piatti. Ma sono sicura che ti renderebbe davvero felice sapere che ho imparato ad amare la vita anche quando i miei occhi sono gonfi di pianto. Le lacrime nel passato mi hanno tanto consolata, a volte anche giustificata e resa fragile, ma dopo anni mi hanno insegnato a trovare quella forza che mi aiuta a vedere tutto il bello dentro me e intorno a me. Si diventa forti nel momento in cui si decide di sotterrare il rancore, i rimpianti e si smette di combattere con i fantasmi del passato. E il mio dolore diventa sempre più figlio di un tempo lontano che lenisce le ferite. E quanto più il mio dolore si allontana, tanto più cresce in me il desiderio di portar via le lacrime dagli occhi di chi ogni giorno è costretto a vivere nella totale disperazione senza un lume di speranza. E se solo io potessi con la forza dell'Amore, quello puro, quello vero, porterei i miei giorni, ma solo quelli belli, in ogni angolo del mondo. Vorrei correre a spalancare le porte dei bordelli e regalare la libertà. Riuscire anche a fermare la mano di chi impugna la morte e la paura e renderlo incapace di commettere ancora il male. Vorrei il potere di cambiare il destino di chi ha la vita appesa a un filo. Ad ogni bambino vorrei tanto regalare una bandiera da sventolare ma solo per colorare i cieli di tutto il mondo, un mondo che sogno giusto, senza confini né conflitti, un mondo col mare limpido, con immensi ghiacciai da immortalare ed estese foreste da venerare. Se io avessi il tuo indirizzo ti scriverei mille volte il mio "vorrei", il mio vorrei condizionale incapace di eliminare le carestie, le ingiustizie e i soprusi ma pieno di speranza che ogni mia parola possa un giorno giungere fino a Te.

Foto di mio fratello Rocco

Un uomo

Ti troverò chino sopra i libri
affamato di poesia e di sapere,
accoccolato sulle nuvole
a sognare come quando eri bambino
che parlavi di progetti e grandi attese.
Ti troverò tra le braccia dell'Amore
e poco importa se somiglierà più a te oppure a me
perché sarà il tuo Amore e ti renderà felice.
Ti troverò nei campi immensi dei girasoli
a contemplare con stupore la magia del loro inchino.
Amerò i tuoi plié
come i quadri di Monet e L'Estate di Vivaldi.
Ti asciugherò le lacrime
mentre curi le ferite di un piccolo usignolo
scampato per fortuna dalle grinfie di esseri crudeli e senza cuore.
Sempre, tu sarai dalla parte dei più deboli,
a sedare quelle risse di vigliacchi e prepotenti,
ad abbattere quel muro vergognoso di omertà.
Io ti troverò, figlio mio, nella bellezza
del perdono, dell'umiltà e del coraggio e
stringendoti le mani sentirò
la tenerezza di un bambino e la forza di un grande Uomo.

__Rompiamo le catene__

Fagocitati da un groviglio di serpenti soffocanti
son le menti e i sentimenti degli adepti.
Ingannati dal clamore di reali senza scettro
numerosi son gli sciocchi che ubbidiscono
ai precetti come brave marionette.
Incapaci di creare, curiosare,
di pensare ed obiettare,
sono schiavi, poveretti, di un sistema
che li usa e via li butta.
Si ubriacano e poi vagano
nello spazio di un castello
con gli specchi senza volto.
Nei meandri delle stanze addobbate ed eleganti
troppe anime sospese sotto il peso del sistema
che seduce e paralizza
con pile di menzogne ed illusioni.
Rompiamo le catene di ogni sorta di prigione,
usiamo la ragione, il buon senso e il nostro cuore,
non facciamoci schiacciare dal potere
dei potenti e prepotenti perché
ognuno sulla Terra ha il diritto ed il dovere
di viverci e sognare da magnifico redente.

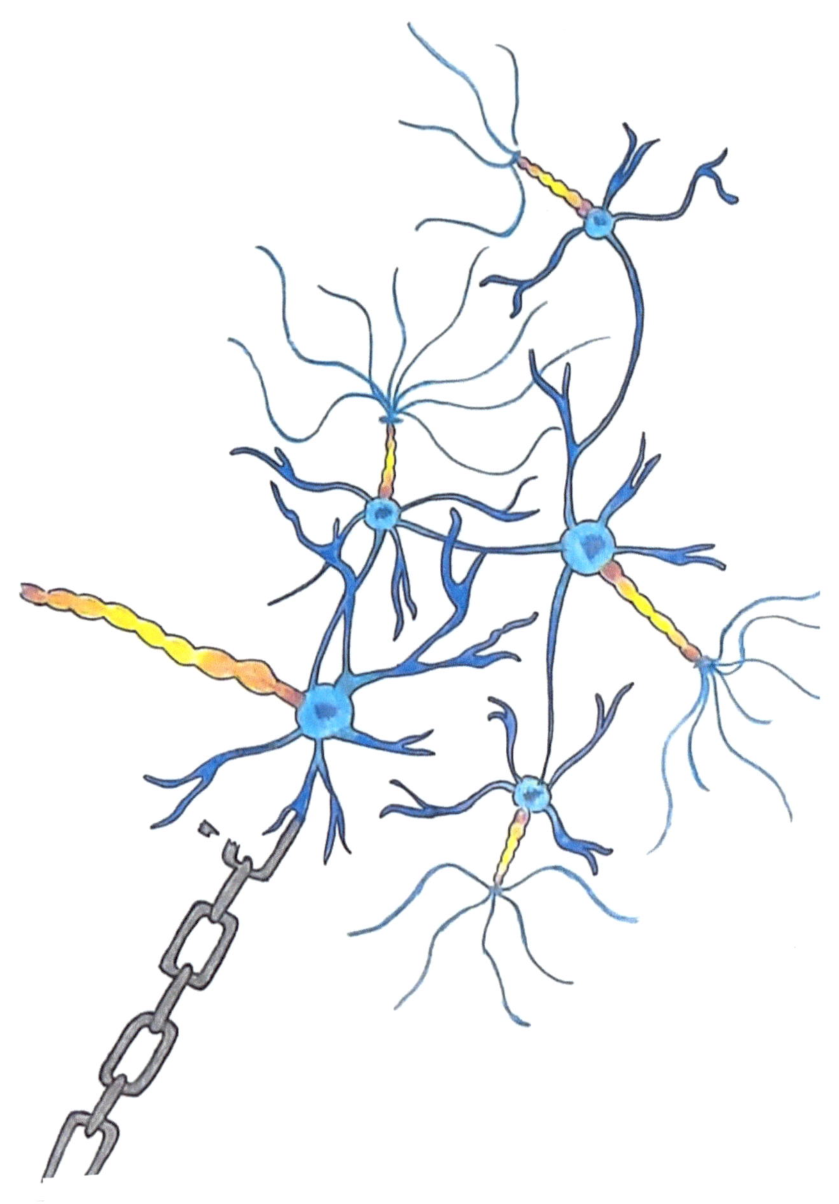

Care maestre

Arrivederci care maestre,
speriamo presto di rivedervi,
non scorderemo il vostro saggio,
ma siamo pronti a un nuovo viaggio.
Arrivederci care maestre,
scusate tanto se troppe volte
abbiamo esagerato,
noi ci pentiamo e vi cantiamo
il nostro GRAZIE.
Grazie care maestre con tutto il cuore
abbiam capito il vostro invito,
il vostro invito ad amare
i numeri e i verbi, l'inglese e la storia
l'arte e la geografia
ma sopra a ogni cosa ad amarci l'un l'altro
perché siamo tutti diversi
e tutti importanti.

Queste semplici parole le ho dedicate con tanta stima alle maestre
di Valentina, le maestre Fabiola, Miriam, Anna e Monica in
occasione della festa di classe dell'ultimo anno delle elementari.
Tutta la classe le cantò a gran voce sulle note della bellissima
"Arrivederci a questa sera" del grande Lucio Battisti. Fu una
serata che rimarrà per sempre nel cuore, allietata dai balli e dai
canti dei bambini ma soprattutto dalla loro meravigliosa
spensieratezza. La frase "siamo tutti diversi e tutti importanti"
non è mia, era impressa a caratteri cubitali in classe. A distanza di
tempo ho chiesto alla maestra Miriam chi l'avesse scritta, di chi
fosse stata l'idea di attaccarla in classe e la maestra come sempre,
con la sua gentilezza, con la sua dolcezza me lo ha spiegato.
Riporto le sue preziose parole dal messaggio vocale che
custodisco con affetto...

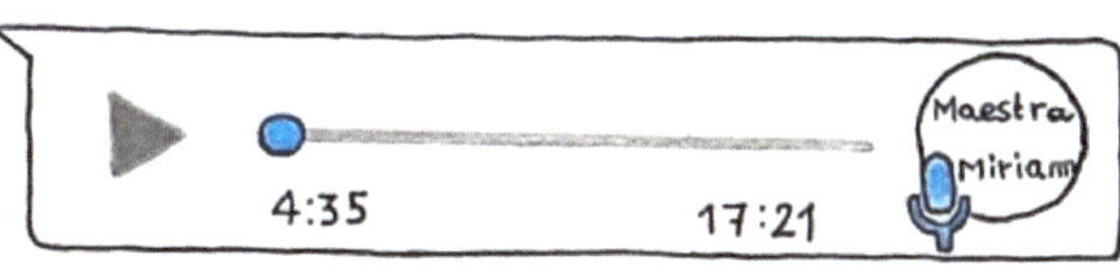

... « É una scritta che i bambini avevamo trovato prima e ho voluto proprio far si che li accompagnasse fino alla quinta classe e spero che accompagni ciascuno anche oltre; con questa frase volevo far sentire loro l'impor= tanza dell'essere diversi. La diversità che deve essere sentita come una fonte di ricchezza per ognuno, proprio dalla diversità dell'altro noi impariamo, cresciamo, diventiamo più forti, impariamo cos'è l'accoglienza, cos'è la solidarietà, la tolleranza, la generosità, la gentilezza, la condivisione, la pazienza, diventiamo migliori. Ricordo che abbiamo visto anche un film ed il protagonista era Paddington il quale aveva come caratteristica quella di farsi amici i peggiori personaggi che incontrava. Avevamo scritto un'altra frase sotto e di circa "lui cerca il buono in ognuno e in qualche modo lo trova" perché è vero se noi cerchiamo di vedere anche l'aspetto che magari è appena a livello emozionale accennato, l'aspetto più bello, c'è in ognuno di noi. Mi viene in mente una lettura della scrittrice Marguerite Yourcenar che a un certo punto dice queste parole: "Non manca un barlume di luce neppure nel più opaco degli uomini". Io credo molto in queste parole »...

L'Italia coccolata dal mare

Non ho dell'infanzia ricordi meravigliosi, ma rivedo quella bimba, felice con i libri di scuola tra le mani. Dentro una piccola stanza che aveva la forma di un dado perfetto, amava studiare e ripetere le poesie e le tabelline a memoria. Rivedo gli occhi buoni del mio maestro, il maestro più bravo del mondo che con il suo sorriso gentile, perdonava ogni volta i miei ritardi. Rivedo una classe ordinata e composta, illuminata dalla luce che entrava senza ostacoli da una bianca finestra. Attaccate alla parete dietro la cattedra, due grandi cartine geografiche, una politica e una fisica, che rappresentavano la nostra bella Italia a forma di stivale. La mia Italia, la mia Patria, la mia terra, così variegata e maestosa, con vette che toccano il cielo e pianure verdi ed estese, generose e fiorenti, la mia Italia con accenti e dialetti diversi che scaldano il cuore e disegnano sorrisi. La mia Italia coccolata dal mare che l'abbraccia mi sembra scolpita con maestria dall'artista più virtuoso della storia. Ho imparato a conoscere il mio Paese grazie al prezioso lavoro del mio maestro che con entusiasmo e Amore ci parlava dell'Italia e delle sue splendide regioni. Mi ricordo che per lo studio delle singole regioni, il mio maestro ci segnava un compito per casa che a me piaceva tanto. Il compito consisteva nel disegnare la regione, evidenziare con i colori a matita le catene montuose, le colline e le pianure, imparare il capoluogo e le province, i nomi dei laghi e dei fiumi, la posizione geografica, studiare le varie risorse naturali, l'agricoltura, l'allevamento o la pesca, l'industria, l'artigianato, il turismo. Infine, era molto interessante arricchire lo studio parlando delle tradizioni, dei buonissimi piatti tipici, delle opere d'arte più importanti. Amavo le pagine del mio sussidiario arancione che mi parlavano di storia, di scienze, di geografia e d'Italia, e adoravo allo stesso modo il mio libro di lettura pieno di illustrazioni, racconti educativi, poesie e filastrocche. Il libro di lettura mi piaceva sfogliarlo più e più volte e ricordo che la mia pagina preferita mi portava tra le stelle filanti e le maschere di carnevale, attraverso disegni colorati e una bellissima filastrocca che purtroppo la mia memoria non ha saputo conservare. Mi incantavo a guardare Arlecchino e Colombina, Stenterello che mi faceva tanta tenerezza, ricordo Balanzone di Bologna e Pantalone di Venezia, Brighella bugiardo e attaccabrighe, Meneghino di Milano con le calze a righe orizzontali e Gianduia di Torino con le gote rosse rosse perché gli piaceva un po' troppo il vino. E poi loro, Rugantino e Pulcinella, er

bullo de' Trastevere ma col core buono e il napoletano Pullecenella
furbo e ingenuo, vile e coraggioso, due grandi personaggi che ci
accompagnano tra i vizi e le virtù delle borgate romane e i vicoli
napoletani. Rugantino e Pulcinella che con finte bastonate e lacrime
vere raccontano i pregi e i difetti, il malcostume e le buone azioni di
un intero genere umano.
Son passati circa quarant'anni dai quaderni ordinati delle elementari,
dalle addizioni alla lavagna, dall'allegria nel giardino della scuola;
quarant'anni di entusiasmo e di speranze, quarant'anni di amarezze
fra i sogni e i disegni dell'Italia. Quarant'anni sono lunghi,
quarant'anni sono tanti.
È da troppo tempo, cara Patria mia, che la bimba dentro me, guarda
tutto il tuo dolore, le tue strade insanguinate, i tuoi figli ingannati,
quelle pagine di storia che ti resero Repubblica barattate e
accartocciate dopo grandi giuramenti:

"Giuro di essere fedele alla Repubblica, di osservarne lealmente la
Costituzione e le leggi e di esercitare le mie funzioni nell'interesse
esclusivo della Nazione".

Io ti chiedo scusa, Patria mia, se mi son sentita sempre troppo
piccola nella vita, priva di coraggio per difenderti dagli abusi e dalle
offese di ladri e opportunisti. Tanta rabbia mi divora nel vederti
andare a pezzi, mentre lì, nel palazzo del Bernini s'azzuffano e
s'alleano, sprecano e se ne fregano. E proprio non capisco la ragione
di tante divisioni, tutti 'sti partiti, fazioni e movimenti, troppo intenti
a litigare e sempre più distanti dalle case, dalle strade e dai problemi
della gente. E trovo disdicevole appiattire le proprie menti nella
morsa di inutili preconcetti dove le idee perdono la forza di essere
libere e concrete. Le idee sono libere e preziose, non appartengono a
simboli né a padroni. Esistono idee giuste e idee sbagliate, idee
condivisibili o discutibili, ma non devono esistere idee che
allontanano gli uomini dagli uomini. Non devono esistere italiani
contro italiani, italiani che umiliano la propria terra, non devono
esistere italiani che sporcano il mondo di scelleratezze.
Io mi vergogno per loro, mi vergogno. Ma distante da ogni specie di
carogna, truffatore e mentecatto io grido forte di essere italiana, fiera
di vivere in una terra così bella che fa innamorare chi la conosce
anche solo per un po'.
Io sono fiera della musica italiana, immensa, mille e mille volte
immensa, sono fiera del cinema italiano e del teatro italiano che
regalano emozioni a milioni di persone, sono fiera della televisione

italiana capace di entrare a casa della gente per un po' di compagnia regalando allegria, sensazioni o riflessioni o per offrire tante volte vere e proprie soluzioni, sostegno e attenzione. Fiera degli italiani che non si arrendono mai e mettono a nudo le verità più scomode. Fiera di chi indossa una divisa con onore e dà lustro alla sua terra, sono fiera di te, fratello italiano, Sergio De Caprio. Fiera dei musei, dell'arte e della storia che respira nelle piazze, nelle città, sui gradini delle chiese, negli angoli nascosti dei borghi di paese. Sono fiera delle eccellenze italiane e di tutte le realtà nate dal talento, dall'estro, dall'impegno, dal lavoro, dall'onestà che hanno reso grande l'Italia nel mondo. Sono fiera dei medici, degli infermieri, dei sacerdoti, delle suore, dei volontari italiani che donano se stessi lì dove s'alza un grido d'aiuto. Sono fiera degli italiani che rendono speciale l'ambizione nello sport, con lo scopo di donare fiducia e una nuova vita ai ragazzi derubati dei sogni e del futuro, io sono fiera di te, grande Giovanni Maddaloni. Io sono fiera e piena d'ammirazione per tutti gli italiani che lavorano ogni giorno con passione, serietà e con tanto tanto senso di responsabilità, fiera di tutti gli italiani che vanno avanti con tanti sacrifici e con grande dignità.
E ora, sul finire dei miei elogi davvero tutti molto sinceri, gli occhi non hanno più luce, né gioia perché il cuore mi porta nel ricordo dei nostri cari connazionali, partiti un giorno per luoghi lontani e ritornati a casa avvolti nel drappo di un triste tricolore. Il cuore mi porta nel ricordo di tutti i nostri cari italiani partiti per portare sostegno, protezione, competenze e son sicura anche tanta allegria a uomini, donne, bambini nati nella miseria, nella violenza, nelle avversità più assurde, ai quali però un giorno la vita ha deciso di regalare una carezza, la carezza di un italiano.
Cara Italia, Patria mia, in quel canto che va in alto, fra le braccia del tricolore, io vorrei vedere un giorno, tutti uniti gli italiani come fossero fratelli, mai e poi mai contro altri popoli e Paesi, ma rinati a nuova vita, grandi e forti più di prima, sempre pronti ad accogliere e ad amare chi accarezza con un fiore la tua terra.

Articolo 1 della Costituzione
"L'Italia è una Repubblica democratica, fondata sul lavoro, la sovranità appartiene al popolo, che la esercita nelle forme e nei limiti della Costituzione".

TRENTINO ALTO ADIGE
LIGURIA
EMILIA ROMAGNA
BASILICATA
MARCHE
ABRUZZO
UMBRIA
LOMBARDIA
LAZIO
PIEMONTE
VENETO
SICILIA
SARDEGNA
FRIULI VENEZIA GIULIA
VALLE D'AOSTA
CAMPANIA
TOSCANA
MOLISE
PUGLIA
CALABRIA

Dove i fiori non muoiono mai

Sapete, mi piace pensare che non troppo lontano da noi ci sia un posto infinito dove regna da sempre la luce, la pace e l'Amore. Un posto speciale dove i fiori non muoiono mai e ricoprono intere distese con colori variopinti e splendenti, un posto speciale dove ogni animale di classe diversa ha imparato a giocare col proprio rivale senza fare del male. Mi diverto a pensare che magari un'aquila reale voglia insegnare a un cervo a volare, o che un enorme squalo bianco inviti un elefante a nuotare nelle acque di un mare brillante.

Beh, allora non voglio fermarmi e continuo a pensare, a pensare alla grande, così chiudo gli occhi, comincio a volare e mi lascio guidare da scintille di luce che proietta la mente. Non calcolo il tempo, né la distanza ma vivo quel luogo che accarezzo nel sogno. Mi ritrovo seduta su un ramo di quercia, leggera, come fossi una piuma e guardo estasiata un arcobaleno di colori su un prato speciale dove i fiori non muoiono mai. Inebriata dal profumo di rose e peonie, di gigli e lillà, d'un tratto alzo gli occhi e mi spingo poco più in là, rapita dalle note di una canzone che conosco quasi tutta a memoria fin dalla mia tenera età. È un incanto quel luogo, la musica vive tra i rami fioriti degli alberi, attraversa le acque del mare e dei laghi e si trasforma in linfa vitale nei versi dei poeti, nel sibilo del vento e nel battito dei sogni. Illumina ed incanta quel luogo e regala ai miei occhi immagini chiare di rara bellezza, immagini di splendide creature avvolte da un velo di luce, che respirano musica e pace. Commossa e travolta da quel tripudio di luce, pian piano riesco a vedere quei volti e mi accorgo stupita di conoscerne tanti. D'impulso comincio ad agitare le braccia, rido e sorrido e asciugo il mio pianto felice, poi chiamo per nome ognuno di loro, mentre barcollo sul ramo che non mi lascia cadere. È così grande la gioia che sembro quasi impazzita. Continuo a sbracciarmi, mentre grido più forte, convinta e sicura che la mia voce possente riesca ad attrarre l'attenzione su di me. L'entusiasmo si arrende ma la speranza ritenta, fino a quando comprendo che a me non è dato in alcun modo interagire con chiunque di loro. Affranta e delusa, mi accuccio per bene sul mio ramo di quercia, ma per fortuna quel senso di vuoto svanisce all'improvviso dopo un magnifico battito d'ali che sento vibrare lungo tutta la schiena. Come un fiore che sboccia e apre i suoi petali al giorno, così anch'io libero la testa dalla presa delicata delle ginocchia e lascio che la luce investa il mio viso nuovamente. Agitata ma piena di fiducia, riporto il mio sguardo a rimirare il luogo che non conosce il buio, né una breve notte, dove l'inverno non è mai entrato, dove la luce è la sola fonte di un equilibrio di armonie e primavere che non hanno fine. Ritorna presto la gioia nei miei occhi e adesso so che per me è importante stare lì in silenzio e ascoltare il canto.

Su ciuffetti di fili d'erba, soffici come batuffoli di cotone giocano e si rotolano dolcissimi bambini alti poco più di qualche spanna e in compagnia di marmotte paffute e scoiattoli bianchi fanno il solletico a gattini e cagnolini che ridono, ridono a più non posso e trascinano nelle loro risate la simpatia di scimmiette, agnellini e uccellini colorati. Lungo le coste sabbiose del mare, si aprono insenature meravigliose dove la sabbia è ancora più fine e ha colori che vanno dal rosso porpora al rosa tenue, dove l'acqua cristallina lascia intravedere in modo generoso lo sfavillio dei pesci e dei coralli variegati, dove ogni guizzo tinto d'azzurro e di turchese diventa un intreccio di suoni e di poesia. Piante profumate di glicine, camelie e bougainvillee disegnano schizzi di colore all'interno di spazi immensi dove ognuno, senza limite d'età (qui il tempo ha perso qualsiasi forma di dominio e di potere) si dedica alle attività che ama di più. Così durante una passeggiata lungo il viale degli olmi campestri, è normale incontrare gruppi di allievi entusiasti e felici che a passo svelto raggiungono i propri maestri. C'è chi ama la pittura astratta e impara da Kandinskij a imprimere su tela il vibrato di emozioni e sentimenti con la lirica dei colori, delle linee e delle forme, e chi invece segue le lezioni coinvolgenti del Botticelli che incanta i propri allievi con la bellezza e la leggerezza di figure sinuose e in movimento. C'è chi corre con Mennea e chi sfreccia in bicicletta con Pantani, chi cammina in equilibrio sopra corde di liana, chi invece si circonda del candore di cavalli e di colombe e del sorriso luminoso di Rinaldo, Nando e Moira Orfei. Paganini col suo archetto super rock invita puntualmente i suoi grandi amici Van Halen, Hendrix e Morrison e con loro trasforma le lezioni di violino in concerti e fortissime ovazioni. Fra la gioia dei bambini e la stima degli adulti, è felice di girare su se stessa, come fosse una farfalla, la dolcissima Maria Montessori che ringrazia tante volte il maestro Rudolf Nureyev, il tataro volante, trionfo di bellezza e di talento. Michelangelo e Leonardo sono adesso inseparabili e raccontano molto spesso ai fanciulli, sempre attenti e numerosi, della loro amicizia, l'opera più grande che abbiano mai realizzato, senza tele né scalpelli, ma soltanto con la stima e la fiducia. Accorrono in tanti agli eventi culturali di filosofi e scienziati, di poeti, fisici e matematici ed è un'emozione dopo l'altra vivere i versi e i romanzi, le formule e le tesi nei racconti diretti di William Shakespeare e Manzoni, Dante Alighieri e Leopardi, di Rita Levi Montalcini e Galileo Galilei, di Platone e Pirandello, Archimede e Margherita Huck, Giovanni Pascoli e Montale, Oriana Fallaci ed Emily Dickinson, Alda Merini e Albino Pierro, e di tanti tanti ancora. Al di là dei campi di papavero, in prossimità dei laghi, i maestri del firmamento dirigono le orchestre, lasciano libera la voce e incantano con le note del pianoforte e del contrabbasso, della tromba e del violoncello ma sopra ogni cosa amano donare a chi vuole imparare o semplicemente a chi sta ad ascoltare ogni singola particella della musica che infiamma i cuori d'Amore, di bellezza e di piacere. Si creano forti intese tra i maestri che dilettano e si divertono. Nascono così sinfonie straordinarie fra i sorrisi e le battute di Ezio Bosso con Beethoven e Fryderyk Chopin. Luciano Pavarotti ama ogni tanto stravolgere a sorpresa la scaletta di Puccini e di Caruso proponendo per esempio "Miserere" e "Perfect Day" in compagnia di Lou Reed. Mozart, Bach e Tchaikovsky adorano la musica del maestro Morricone che ringrazia emozionato per gli elogi che riceve e ricambia con affetto ed umiltà. La splendida Maria Callas con grande gioia ed entusiasmo presenta la sua nuova amica Whitney Houston ai maestri Bellini e Giuseppe Verdi che rimangono strabiliati ascoltando quella voce angelica. È un luogo splendido questo dove ognuno trova l'essenza della felicità nella bellezza della propria virtù, dove ognuno nutre la propria felicità donando gioia e allegria, dove ognuno dona Amore e riceve Amore. Ed è grande l'Amore per un ragazzo meraviglioso, è grande l'Amore per Marco Simoncelli. Tutti amano Marco, la sua allegria, la sua simpatia, il suo spiccato accento romagnolo, i suoi scherzi divertenti, il suo essere brillante e genuino. Marco vola felice su una moto speciale e attraversa in lungo e in largo quelle distese infinite, mentre un vento leggero si innamora dei suoi riccioli ribelli.

Oh, mi manca tanto Simoncelli. Quando la domenica mattina arrivava in televisione, io smettevo di cucinare, mi asciugavo le mani e andavo vicino vicino al televisore e mentre lo ascoltavo sorridevo, sorridevo come fossi stata la sua mamma. Dopo le sue parole, il suo dolcissimo sorriso, le sue simpatiche battute, ritornavo a cucinare in attesa della sua gara. Ora sul mobile del televisore c'è il suo libro con la foto dei suoi occhi belli e a volte lo stringo forte e gli do un bacio con lo schiocco, proprio come faccio con le mie figlie.

In volo con la sua moto Marco si emoziona e regala emozioni a grandi e piccini. Tutti aspettano con pazienza il proprio turno per salire in sella col grande Sic e assaporare finalmente l'ebrezza della velocità. Il più paziente di tutti è il suo caro amico Pietro Taricone, che gentilmente cede il proprio posto a chi, trepidante, aspetta di volare. Marco prima di partire per un nuovo giro sorride al suo amico Pietro dicendogli con affetto <<Dai guerriero, tin' botta>> e il guerriero, mimando quel magico volo annuisce con un grande sorriso. In lungo e in largo Marco vola felice e canta a squarciagola "Siamo solo noi" e abbracciati forte forte a lui cantano felici tantissimi amici che hanno un posto speciale nel cuore di chi al di là della quercia non li dimenticherà mai. In sella con Marco volano in alto Papa Giovanni Paolo II, il Presidente Pertini, Aldo Moro, Martin Luther King, Ayrton Senna, Michael Jackson, Totò, Paolo Rossi, Gaetano Scirea, Sandra Mondaini che per dispetto salta in sella sempre prima del suo Raimondo, Alex Baroni, Giuliano Gemma, Bud Spencer, Kurt Cobain, Paolo Villaggio, Claudio Villa, Nadia Toffa, Enzo Tortora, Mike Bongiorno, Corrado e tanti tanti altri che cantano, sognano e gridano a più non posso le loro incredibili emozioni. Si respira allegria ovunque, lungo la baia dei delfini e delle stelle marine, nel ronzio delle api intorno ai fiori di ciliegio, nel giardino delle orchidee panciute dove splendide fanciulle volteggiano nell'aria con nastri di seta e clavette colorate. Qui, le fanciulle che riescono a far danzare nastri e clavette hanno appena accolto con stupore una grande notizia: presto nascerà uno spettacolo colossale. Sono davvero entusiaste, perché non solo ne faranno parte come spettatrici ma presenteranno le loro coreografie preferite. Sarà uno spettacolo meraviglioso organizzato da artisti amati da sempre. Sono tutti presi dall'euforia dei preparativi, tutti impegnati a sistemare gli strumenti, a scrivere e riscrivere arrangiamenti, a ripassare battute e monologhi importanti, a modificare qualche passo insieme al canto, a inventare sketch e barzellette che regolarmente fanno nascere risate contagiose. Arrivata a questo punto vorrei tanto esser capace di dar vita a dialoghi elevati o divertenti, riuscire a descrivere nei particolari, situazioni comiche o commoventi, ma io non sono una scrittrice, né ho l'estro e il talento degli artisti e dei registi, così mi perdonerete e son sicura, mi perdoneranno se con semplicità ma sempre con rispetto e grande Amore, continuerò ad ascoltare il mio cuore imprimendo su questo foglio il loro nome. Per me tutto questo è molto importante e non vorrei mai che risultasse un lungo elenco di nomi famosi, ma che arrivasse forte e chiaro il mio desiderio di accogliere in un grande abbraccio il ricordo di persone speciali. Ecco, adesso posso continuare ad accarezzare, sempre con garbo chi dentro me non morirà mai.

Mi sembra quasi di sentirla la risata inconfondibile di Fabrizio Frizzi che scherza e si diverte con Alberto Castagna, Nadia Toffa e Anna Marchesini, con i quali sarà lieto di presentare il grande evento. Fabrizio De André (oh il mio grande De André che ascolto per ore) con la sua chitarra attaccata alla pancia suona estasiato ed è lusingato di condividere il suo canto con David Bowie, Giorgio Gaber, Ivan Graziani e con la dolcissima Mia Martini. Lucio Dalla, Freddie Mercury, Amy Winehouse e Augusto Daolio incantano con un capolavoro dopo l'altro, non amano fermarsi per un intervallo ma ogni tanto si divertono a giocare con le parole e a cambiare il valore delle note. Gli indimenticabili Mino Reitano, George Michael, John Lennon e Sergio Endrigo stanno scrivendo nuovi inediti che, come sempre, faranno sognare ad occhi aperti. Enzo Jannacci, Rino Gaetano, Little Tony e Gabriella Ferri sono un fiume in piena e travolgono tutti con l'energia della loro poesia. È tutto perfetto anche durante le prove, vibrano nell'aria le emozioni delicate di Luigi Tenco, Lucio Battisti, Mango e Franco Califano. Bruno Lauzi e Frank Sinatra passeggiano in riva al mare e ricordano il passato con le armonie e i ritornelli di brani memorabili. Rientrano da una gara di pizzica, ballata a piedi nudi sull'erba, tre grandi tesori della musica e dell'allegria, Domenico Modugno, Stefano D'Orazio e Raoul Casadei. Piegati in due dalle risate, raccontano a tutti di passi incrociati e giri sbagliati; dopo, pian piano l'euforia si placa e Stefano con un rullo pazzesco di batteria dà inizio a un susseguirsi infinito di motivi irripetibili. Seduti ai piedi di un maestoso acero rosso Pino Daniele e Massimo Troisi (per i quali, come dice il grande Modugno, "vorrei trovare parole nuove" per descrivere il loro essere immensi nella semplicità assoluta) parlano del più e del meno e guardano affascinati il loro amico di sempre Diego Armando Maradona, circondato dalla gioia e dall'affetto di tantissimi bambini. Maradona è felice, rincorre la palla e poi per magia la fa roteare leggera nell'aria, mentre Massimo dà inizio a quel canto di Pino che presto diventa un inno sublime:

Napule è mille culure
Napule è mille paure
Napule è a voce de' criature
Che saglie chianu chianu
E tu sai ca' non si sulo

E adesso qui il canto si arricchisce delle voci preziose di grandi maestri, Roberto Murolo, Carosone, Mario Merola ed Enrico Caruso

Napule è nu sole amaro
Napule è ardore e' mare
Napule è na' carta sporca
E nisciuno se ne importa
E ognuno aspetta a' sciorta

Napule è na' camminata
Int'e viche miezo all'ate
Napule è tutto nu suonno
E a' sape tutto o' munno
Ma nun sanno a' verità

Napule è mille culture
(Napule è mille paure)
Napule è nu sole amaro
(Napule è addore e' mare)
Napule è na' carta sporca
(E nisciuno se ne importa)
Napule è na' camminata

(Int' e viche miezo all'ate)
Napule è mille culure
(Napule è mille paure)
Napule è nu sole amaro
(Napule è addore e' mare)

Arriva fra gli applausi scroscianti e il calore degli abbracci er
magico sorriso de Mandrake sul viso un po' commosso del nostro
caro Gigi Proietti. Cammina lì al suo fianco Trilussa, il poeta
romano che con occhi stupiti saluta, ringrazia e ricambia le lodi di
chi, in maniera esemplare, ha raccontato la vita, l'Amore ed ha
insegnato al dolore a nascondere il pianto nella forza di risate
spensierate e divertenti. Sono immagini uniche di stima reciproca,
di strette affettuose e pacche sulle spalle, che bello vederli tutti
insieme: Totò, Eduardo, Luca e Peppino De Filippo, Virna Lisi,
Anna Magnani, Alberto Sordi, Elizabeth Tailor, Robbie Williams,
Vittorio De Sica, Nino Manfredi e Charlie Chaplin, Tina Pica,
Ave Ninchi, Ugo Tognazzi, Vittorio Gassman, Ferruccio
Amendola, Patrick Swayze, Monica Scattini, Marcello
Mastroianni, Giorgio Faletti, Laura Antonelli, Ciccio Ingrassia e
Franco Franchi, Mariangela Melato, Franca Valeri, Giulietta
Masini e Federico Fellini, Gino Bramieri, Nino Taranto, Macario,
Aldo Fabrizi e la Sora Lella e tanti tanti ancora.
Adesso mi tocca aprire gli occhi, ma prima di lasciare questo mio
sogno voglio tornare su quella quercia dove sentivo una canzone.
Quelle parole insieme alle note riempiono i cuori di tutto il
mondo e…

Penso che un sogno così non ritorni mai più
Mi dipingevo le mani e la faccia di blu
Poi d'improvviso venivo dal vento rapito
E incominciavo a volare nel cielo infinito
Volare oh, oh
Cantare oh, oh
Nel blu dipinto di blu
Felice di stare lassù
E volavo, volavo felice più in alto del sole
Ed ancora più su
Mentre il mondo pian piano spariva lontano laggiù
Una musica dolce suonava soltanto per me

Volare oh, oh
Cantare oh, oh
Nel blu dipinto di blu
Felice di stare lassù
Ma tutti i sogni nell'alba svaniscon perché
Quando tramonta la luna li porta con sé
Ma io continuo a sognare negli occhi tuoi belli
Che sono blu come un cielo trapunto di stelle
Volare oh, oh
Cantare oh, oh
Nel blu degli occhi tuoi blu
Felice di stare quaggiù
E continuo a volare felice più in alto del sole
Ed ancora più su
Mentre il mondo pian piano scompare negli occhi tuoi blu
La tua voce è una musica dolce che suona per me
Volare oh, oh
Cantare oh, oh
Nel blu degli occhi tuoi blu
Felice di stare quaggiù
Nel blu degli occhi tuoi blu
Felice di stare quaggiù
Con te

….. e arrivano da un coro di creature speciali, meravigliose, straordinarie e sono sicura che tra di loro respira felice musica e pace chi non è più qui a darci il suo Amore. E a quello spettacolo colossale parteciperanno tutti, ma proprio tutti i nostri cari e canteranno forte forte solo per noi affinchè quella Luce possa avvolgerci presto per ritornare a vivere stringendoci la mano con un abbraccio e con un grande bacio.

Foto di mio fratello Gianluca